ORGANISATION

ET

COMPTE-RENDU

DE

L'ASSOCIATION DE SAINT-VINCENT-DE-PAUL,

Maison des Tailleurs-Réunis de Bordeaux,

Par A. DELUC, Gérant.

(Mai 1850.)

BORDEAUX,

Imprimerie des Ouvriers-Associés, rue du Parlement-Sainte-Catherine, 19.

(Métreau, gérant-titulaire.)

1850

ORGANISATION

ET

COMPTE-RENDU

DE

L'ASSOCIATION DE SAINT-VINCENT-DE-PAUL,

Maison des Tailleurs-Réunis de Bordeaux,

PAR A. DELUC, Gérant.

(Mai 1850.)

Historique de l'Organisation.

Dès l'année 1837, vivement impressionné par la fermentation qui agitait toutes les corporations, celle des tailleurs en particulier, j'eus la pensée d'allier deux éléments divisés jusqu'alors, de réunir dans un même intérêt les patrons et les ouvriers; je rédigeai un projet dont le principe d'association fût la base.

D'une réalisation à mes yeux possible, facile même, mes idées ne devaient point rencontrer de sympathie chez mes confrères, je le savais; aussi je ne fus nullement étonné lorsqu'après avoir entendu la lecture de mon projet, la *Société des Marchands Tailleurs*, siégeant au Bazar, et dont j'étais membre, passa à l'ordre du jour en adressant à l'auteur anonyme quelques dérisoires remercîments.

Il ne s'agissait cependant à cette époque que d'une association entre patrons et d'une association entre ouvriers, qui devaient, par leur action distincte, et dans un temps peu éloigné, abolir le chômage, et prévenir les conséquences funestes et prévues d'une malheureuse division.

Après février 1848, plusieurs de mes amis se souvinrent de mon projet et me conseillèrent de le reprendre; mais onze années s'étaient écoulées, et les événements ayant amené des circonstances et des besoins nouveaux, mon projet primitif devait subir des modifications pour être en rapport avec l'époque, pour être en harmonie avec la situation; je me mis à l'œuvre, mais je reconnus bien vite que si le temps, en marchant, avait changé beaucoup de choses, il n'avait pu triompher de l'aversion de certains hommes pour mes idées, et je dus me résoudre à rencontrer la même opposition et les mêmes difficultés.

Il semble que la fatalité se soit continuellement attachée à l'état de tailleur; car, enfin, quels devaient être les résultats promis par mon organisation de 1837? Conservation de l'état pour ceux qui avaient fait leur apprentissage de tailleur; abolition du chômage pour les ouvriers, et une rémunération plus en rapport avec leurs besoins.

L'abolition du chômage pouvait s'obtenir par la confection des travaux faits à l'avance et livrables à bas prix, par l'entreprise en grand de l'habillement du personnel des administrations et des fournitures destinées à l'exportation.

Il est évident qu'un bien plus grand nombre de bras se trouvaient occupés à un travail lucratif.

S'il en avait été ainsi, nous n'aurions pas vu des familles d'ouvriers réduites à la plus profonde misère, quand il s'agissait, pour leurs chefs, de livrer à des entrepreneurs de vêtements *quinze* à *dix-huit* heures de travail pour 1 fr. 50 c.

C'était faire quelque chose, c'était accorder certaines satisfactions à des besoins légitimes, c'était aussi l'abolition immédiate des coalitions.

Il n'en fut point ainsi : on y vit des impossibilités.

Il est vraiment étrange que nous en soyons toujours réduits aux mêmes objections, et que la critique porte toujours sur les moyens d'exécution; il n'est même tenu aucun compte de cette science qui consiste à épier les besoins généraux des hommes et à indiquer les moyens légitimes de les satisfaire.

Pour les institutions et pour les hommes, la question est de durée. Eh bien! à part quelques froids égoïsmes, à part quelques-uns qui comprennent difficilement les devoirs de la fraternité que la droiture du cœur rend si faciles à remplir, ces faits, évidemment, ne peuvent se produire que rarement, ils sont faciles à réprimer; il suffit de l'exemple des vertus qu'ils ont constamment sous leurs yeux.

Et d'ailleurs, est-ce qu'avec l'aisance, les points de vue, les idées ne se modifient pas.

Lorsque la révolution du 24 Février fut accomplie, on entendit dans toute la France et dans toutes les corporations, s'élever ce cri qui avait été prononcé à la Chambre des députés : Organisation du travail ! Il fut aussi prononcé dans toutes les professions de foi des candidats à la Constituante. L'hésitation avec laquelle il était prononcé, prouvait combien il était alors inintelligible; l'expérience n'est-elle pas venue nous prouver, qu'en effet, il n'était pas compris?

Ne pouvait-on pas donner une direction aux idées et procéder immédiatement par des faits au développement des associations partielles; il n'y avait, pour cela, qu'à calmer certaines passions et en alumer d'autres, celles du travail !

Le contraire a été fait; la formation des ateliers nationaux, qui a été une nécessité du moment, nécessité trop prolongée, a interverti l'ordre des idées, arrêté le mouvement des esprits, et a fait rentrer en elles-mêmes ces manifestations, qui, depuis, se sont réveillées avec force.

Malheureusement alors, les travailleurs n'avaient pas la conscience de ce qu'ils pouvaient par le travail, ne pensaient pas à faire leurs affaires eux-mêmes.

Ils ont remis le soin de leurs destinées en des mains qui avaient la volonté mais qui n'avaient pas les moyens; de là, les sectes, les écoles; on ne jurait que par elles, et la division de ces écoles a dû nécessairement s'introduire dans le travail.

C'est au milieu de ce chaos que nous voulûmes réaliser notre projet indépendant de toute école; libres dans nos appréciations et dans nos plans, nous avons franchement abordé l'écueil de toute théorie, la pratique.

Le retrait du crédit et la suspension de presque tous les travaux industriel furent les premiers et les plus grands obstacles que nous dûmes nous préparer à surmonter, obstacles d'autant plus insurmontables, que les modifications que j'avais introduites dans mon œuvre devaient rentrer pour beaucoup dans la résistance que nous devions rencontrer de la part des fabricants, qui ne pouvaient raisonnablement confier leurs produits à une organisation qui n'avait pas fait son coup d'essai.

Devant une telle difficulté, je crus, pour ne pas renoncer à mon projet, devoir essayer d'un système de transaction; ainsi, un dépôt de vêtements confectionnés, dans lequel patrons et ouvriers auraient pu déposer leurs produits, aurait été créé. Chaque déposant aurait touché les fonds à mesure des ventes, et, outre leur salaire, les ouvriers auraient reçu 15 p. 100 sur les bénéfices. Mais encore une fois se présentèrent les résistances et les impossibilités; il fallut chercher d'autres moyens.

Un nouveau projet fut par moi rédigé et converti en acte; il fut soumis à l'acceptation de mes associés.

L'Assemblée constituante, par son décret du 5 juillet, venait de voter un crédit de 3,000,000 de francs destinés à être répartis, à titre de prêt, entre les associations librement contractées, soit entre patrons et ouvriers, soit entre ouvriers. Profitant des bonnes dispositions de l'Assemblée, et me laissant prendre à de fausses promesses, j'adressai à M. le ministre du commerce, sur l'invitation du conseil d'encouragement des associations, mon projet et les Statuts.

Encouragé par ceux qui me prêtaient leur concours moral, je partis pour Paris le 20 août 1848.

J'avais besoin d'appui auprès du ministre du commerce et du comité du travail. Je ne crois point avoir fait le métier de solliciteur en m'adressant à M. Ducos, représentant du peuple, qui, en cette circonstance, comprenant que ce n'était pas un intérêt particulier qu'il avait à servir, se mit entièrement à ma disposition.

Je ne tardai pas à me convaincre que je m'étais fait illusion sur l'action du gouvernement concernant les associations. Ces 3,000,000, jetés en pâture aux associations, avaient attiré une armée de demandes; elles étaient repoussées par centaines, ne remplissant pas, soi-disant, les conditions de réussite; les demandes repoussées, il n'en était plus question.

Il n'en fut pas de même à mon égard, des notes, des tableaux explicatifs m'étaient demandés chaque jour; ces demandes étaient immédiatement remplies, néanmoins, on me tint quarante-cinq jours à Paris, sans que l'affaire que je poursuivais avançât d'un pas.

Le 3 octobre, M. Danguy, rapporteur au conseil d'encouragement, me conseilla de partir pour Bordeaux, où nos statuts modifiés, conjointement avec lui, et dans l'esprit du conseil, n'avaient plus qu'à être convertis en acte.

De plus, il me fut prescrit d'arrêter un local, de passer un bail, et, en outre, d'être muni de l'acte d'association.

A mon arrivée à Bordeaux, j'eus à réunir la Société, pour lui faire part des conditions onéreuses que le gouvernement nous imposait par le prélèvement de 10 p. 100 de nos bénéfices (pour toute la durée de la Société) pour créer un fonds indivis dont la Société ne devait jamais être propriétaire; c'était, en autre terme, l'application de l'impôt sur le revenu à un taux exorbitant, et cela sans nous exonérer de l'intérêt à 5 p. 100, pas plus que des 3/4 p. 100 prélevés sur la somme prêtée, pour frais d'inspection, et qui devait être recouvrée pendant toute la durée de la Société, pour la totalité du prêt, même après son remboursement. Tel était l'intérêt que l'Etat portait au développement des associations.

Les désirs étaient si grands, les convictions étaient si profondes parmi nous, que les plus grands sacrifices nous auraient été imposés, nous les aurions acceptés.

Nous n'avions encore pris aucun conseil d'un homme de loi, et il devenait essentiel de nous renfermer dans son esprit; nous nous adressâmes à M. Grangeneuve, notaire, qui nous a prêté son bienveillant concours, autant que le plus grand désintéressement.

Muni d'un bail à loyer, de notre acte de société et de différentes pièces, je partis pour Paris le 3 janvier 1849

Dans ce second voyage, je ne tardai pas à être complètement désabusé. M. Danguy, notre rapporteur, s'était démis de ses fonctions; il avait été remplacé par M. Cavalier; d'autres membres s'étaient aussi retirés. Je trouvai donc, en arrivant à Paris, des hommes qui étaient peu disposés en notre faveur; de nouvelles conditions nous étaient imposées, de nouvelles difficultés naissaient chaque jour; je fus enfin forcé, vers la fin de février, de renoncer à toute intervention de l'Etat.

J'ai voulu me pénétrer des causes de cette défaveur à notre égard, nous qui présentions les gages sérieux de succès, comme l'a prouvé l'expérience.

Je passe sous silence les impressions que j'en ai ressenti. A quoi bon soulever le voile de ces mille passions humaines ; je ne crains pas de le dire aujourd'hui : le moyen qui nous échappait nous en a fait adopter un bien plus puissant dans son action, et nous a délivrés d'une tutelle qui n'aurait pas été sans danger, et voici qui vient parfaitement confirmer notre opinion.

(1) La commission de l'Assemblée législative vient de montrer, par l'organe de son rapporteur, plus de sollicitude pour les associations que n'en a montré le conseil d'encouragement qui avait été nommé par la Constituante; elle vient de conclure à ce qu'il plaise à M. le ministre de l'agriculture et du commerce de relever les associations commanditées par l'Etat de la retenue de 10 p. 100 sur les bénéfices, et, en outre, de les exonérer de l'impôt de 3/4 p. 100 quand les associations se seront libérées de leur prêt.

Il n'est pas surprenant (toujours d'après le rapport), qu'avec de pareilles charges, sur trente associations parisiennes, seize aient

(1) *Moniteur*, séance du 4 février 1850. — Chap. VIII; rapporteur, M. Lefebvre Dureslé.

éprouvé des pertes et trois soient en déconfiture complète, malgré le chiffre énorme de 1,751 fr. 15 c. en moyenne et par chaque associé, montant du prêt fait par l'Etat.

D'après ce que l'on vient de voir, j'avais épuisé tous les moyens de constituer la Société par le concours du gouvernement, c'est-à-dire grandement, et aujourd'hui nous pouvons le dire, et bien haut, les causes d'insuccès sont devenues des causes de succès.

Telle est la conclusion de toutes mes démarches.

Dès ce moment, nous n'eûmes plus rien de commun avec le gouvernement ; nous entrions dans le cadre des industies privées : liberté de travail, liberté de commerce.

Mon séjour à Paris et les tentatives que j'avais faites avaient eu cela d'utile que je revins à Bordeaux, le 7 mars, libre de toute illusion, fort de l'expérience acquise, et bien décidé à éviter toutes les fautes dans lesquelles étaient tombées diverses associations que j'avais vu fonctionner à Paris, et dans lesquelles allaient inévitablement tomber les associations qui allaient se former, associations qui se ressentiront longtemps de leur mauvaise organisation.

Arrivé à Bordeaux, je fais part à mes confrères de mes mécomptes et de mes espérances ; leur courage, abattu par l'insuccès de mes démarches, se relève en raison de la confiance que j'éprouve et que je manifeste ; ils sentent leur dignité et comprennent leur propre valeur ; ils sentent que le jour est proche où ils recueilleront les fruits de leur résignation.

Dans cette nouvelle organisation, je puis le dire, chacun de nous se sent assez de courage pour supporter les nouvelles privations qui nous attendent et qui sont prévues ; tous sont décidés à semer pour récolter ; chacun apporte joyeusement son contingent de privations, d'intelligence et de travail ; mais chacun aperçoit aussi, dans un temps prochain, un avenir heureux pour sa famille. Nous sommes tous bien convaincus que l'Association est le moyen de conjurer cette misère qui nous a tant accablés.

Chacun entre dans l'Association avec cette conviction soutenue que l'Association n'est point cette fausse doctrine que les fausses déclamations de l'ignorance et de la mauvaise foi ont cherché à propager, en prétendant que l'Association est le partage égal entre l'ouvrier laborieux et l'ouvrier paresseux, entre l'homme de l'économie et l'homme du désordre ; c'est en dehors de ces préjugés, résolument et avec conviction, que nous organisons notre association, moins nombreuse il est vrai, mais avec nos propres et modestes ressources.

Profitant des études que j'avais faites à Paris, et de l'expérience que j'avais acquise sur les associations parisiennes, mes confrères adoptent mes nouvelles idées; nous rédigeons ensemble notre acte définitif, nos réglements de travail, de discipline et d'atelier; nous procédons aux élections du Conseil de surveillance, du Gérant et des employés; nous signons définitivement notre acte de société, le 10 juin 1849, que nous déposons au greffe du tribunal de commerce, où il a été enregistré, transcrit et affiché, selon la loi, avec insertion dans le journal *la Guienne*, numéro du 22 juin 1849.

Notre Société était constituée avec le personnel suivant :

ASSOCIÉS.	FEMMES.	ENFANTS.
1. DELUC	1	2
2. LABORIE	1	»
3. LESTRADE	1	3
4. GOIFFON	»	»
5. SICARD	1	1
6. MITOU	1	1
7. ANDRON	1	1
8. DECLUZE	1	3
9. ZAMULO	1	3
10. MAZAUBERT	1	2
11. DERANCY	»	»
12. MAUDINAU	1	2
13. DUCHEIN	»	»
14. BOSSÉE	1	»
15. DUBALLEN	»	»
16. BRUN	»	»
17. DUBARRY	»	»
18. RIPPES	1	»
19. DUMÉ	1	»
20. DUCOMBS AINÉ	1	3
21. MOUCHES	1	»
22. BONNIN	1	1
23. MOREAU	»	»
24. KRENKOVEN	»	»
25. DUCOMBS JEUNE	»	»
26. LAMERNARDIE	»	»
27. BERGÈS	»	»
28. TRINGAU	»	»
29. CHAMBON	1	1
30. GARRIGUE	»	»
31. BOURBON	1	1
	18	24

73 personnes dont 18 ménages.

Installation des Ménages.

M. Tresse, propriétaire, pour nous aider, met à notre disposition une maison, rue Raze; il nous facilite considérablement en nous faisant les avances d'une année de loyer, et en nous assurant, pour le temps qui nous serait indispensable, notre provision de blé, bois et vin. Ces offres nous ont profité en ce qu'elles nous assuraient nos premiers besoins. Par ce moyen, nous n'avions à prendre à la caisse que le strict nécessaire. Notre maison, rue Raze, nous a été louée au prix de 1,200 fr. par année; nous avons pu y installer neuf ménages, le logement de quatre célibataires, et sous-louer un chai pour 400 fr.

Les appartements avaient été distribués comme suit :

Bossée..	76 fr.
Maudineau..	54
Rippes.	71
Ducombs aîné ⎱	76
Ducombs jeune ⎰	
Chambon..	100
Mouches..	76
Bourbon	36
Déclus...	100
Laborie	98
Brun...	21
Lamernardie	21
Duballen..	21
Sicard	21
	771 fr.

Ouverture du Magasin.

Nous établissons notre magasin avec un atelier provisoire pouvant cependant contenir toute la Société, fossés de l'Intendance, 26. M. Chevalier Henri nous passe un bail de neuf années; il nous prête un concours aussi loyal que désintéressé. Nous avons profité quelquefois de ses offres généreuses.

Nous traitons avec des chefs d'atelier menuisiers, peintres, etc., en échange, pour notre installation; et avec ce que chacun peut apporter en objets meublants, outils, banques, étagères, etc., nous pouvons ouvrir notre magasin le 1er mai 1849, à la tête d'un actif de 890 fr. espèces, et 2,883 fr. 70 c. en marchandises, et un passif de 720 fr., résultat d'un placement de bons remboursables au porteur et en nos produits. Notre capital social, comme on le voit, se trouvait être de 3,053 fr. 95 c. à notre ouverture, ou 98 fr. 51 c. par associé; ainsi donc nous avions en moins des associations commanditées par l'Etat, et en moyenne, par associé, 1,652 fr. 64 c.

Nous avions avec cela à pourvoir à la nourriture et à l'entretien de soixante-treize personnes.

Mais tous les membres, hommes et femmes, bien déterminés au travail, hors de toute préoccupation, et cherchant dans les faits qui s'accompliront sous leurs yeux la solution de ce redoutable problème, Association, problème posé à la génération actuelle.

Compte-Rendu.

Dès les premiers jours de notre ouverture, la vente dépassa nos espérances; nos fonds encaissés étaient immédiatement transformés en marchandises, et deux mois ne s'étaient pas écoulés que les offres de crédits nous arrivaient de toutes parts.

Des commandes de confection pour l'exportation nous mirent à même d'avoir recours aux adhérents de la Société; ils reçurent les mêmes valeurs pour leurs travaux que les membres actifs et fondateurs : nos remercîments leur sont acquis pour le concours fraternel qu'ils nous ont prêté.

Nous ne pûmes, néanmoins, malgré nos grands travaux, accepter aucune adjonction; nous sûmes, à regret, résister au plaisir de voir s'agrandir notre œuvre : nous avions besoin de voir s'écouler au moins deux saisons pour consolider notre organisation industrielle, et même matérielle.

Nous conformant au titre XII, article 32 de nos Statuts, qui nous enjoignent de présenter, fin août et fin février, un inventaire général (sans y comprendre les objets mobiliers et ustensiles), en assemblée générale, les opérations de l'association ont présenté, dans l'espace de dix mois, les résultats suivants :

Du 1ᵉʳ mai au 25 février, 102,660 fr. 44 c. d'affaires.

Actif.	**Passif.**
Argent, et marchandises inventoriées à 5 p. 100 au-dessous du prix de facture....... 34,272 19	Capital antérieur...... 3,053 95 Retenues aux associés 482 95 Créanciers divers..... 20,692 38 Balance pʳ bénéfices. 10,042 91
34,272 19	34,272 19

Cette association a fonctionné depuis dix mois, on peut le dire, presque à titre d'essai.

Elle a donc dix mois d'existence, pendant lesquels les sociétaires ont gagné des journées aussi élevées que par le système du salariat, tout en laissant aux consommateurs, sur les anciens prix, pour les mêmes qualités et le même façonnage, des bénéfices qui atteignent 20 p. 100.

Producteurs et consommateurs ont donc trouvé des avantages réels dans le système d'association.

Nous avons dit que le taux des journées dans l'association avait été aussi élevé que par le système du salariat, quoiqu'avec un abaissement notable des anciens prix de vente.

Donnons la mesure exacte de l'élévation du taux des journées par rapport aux bénéfices, et en posant des chiffres officiels.

La balance par bénéfice est en notre faveur de 10,042 fr. 91 c., divisés en trente-une portions égales, qui donnent à chaque associé le chiffre de 323 fr. 94 c., pour dix mois ou deux cent cinquante-deux jours de travail, jours fériés déduits, 1 fr. 28 c. 1/2 par jour, qui, suivant le titre XIII, article 35 de nos Statuts, ont été portés au compte de chaque associé, ou, pour mieux dire, à la formation du capital social.

Quelques objections soulevées par les préjugés en matière d'économie sociale sont arrivées jusqu'à nous; ces objections nous plaçaient évidemment en dehors du droit commun; elles portaient sur les bénéfices retenus, et qui, en effet, remontent de beaucoup le salaire quotidien.

Le monde économique ne doit pas procéder cependant comme le monde politique, réserves doivent lui être faites.

Certes, nous ne prétendons point donner des leçons d'économie à personne, mais il doit nous être permis de citer des exemples, et nous en profitons.

Combien de travailleurs gagnant 5 fr. par jour en sont réduits au niveau de celui qui n'en gagne que 3. L'un dépense à mesure qu'il touche; il trouve que les moyens d'économiser lui manquent; il a bien la Caisse d'épargne, mais la somme à placer est limitée; et d'ailleurs, les bénéfices que la Caisse d'épargne lui procure sont-ils à comparer avec ceux que son industrie peut lui donner en faisant valoir ses capitaux lui-même, et qui doivent lui assurer un avenir plus ou moins éloigné, mais certain?

Ceci ne touche en rien à sa liberté; il est toujours maître de ce qu'il a, en se conformant, bien entendu, aux Statuts qu'il a acceptés et signés librement.

A la fin de la Société il pourra faire ce que bon lui semblera de son avoir, tel que cela se fait dans toutes les sociétés commerciales de deux ou plusieurs associés. Ainsi donc ces bénéfices retenus sont, dans l'hypothèse d'un résultat prospère, la véritable caisse d'épargne des associés, comme, en cas de revers, il est tout naturel qu'ils soient la garantie des créanciers qu'il pourrait y avoir. Rien de plus logique; car, enfin, il n'est pas dit que les associations doivent être privilégiées, elles doivent subir le sort commun.

De pareils faits, une pareille organisation ne sont-ils pas assez considérables pour mériter à tous égards les sympathies générales?

Est-il besoin de rechercher les causes qui ont produit de pareils résultats? On l'a déjà vu, elles ne se trouvaient pas dans la force numérique de notre capital, et ce qui aurait pu être une cause d'insuccès (*soixante-treize* personnes à nourrir, à entretenir, et pour tous instruments de travail, 3,053 fr. 95 c.), a été pour nous une cause de succès; mais l'ardeur du travail et l'économie ont tout fait. Plus que jamais nous sommes pénétrés de ce principe, que le travail, rétribué comme il doit l'être, est la seule source de prospérité.

Ainsi donc, en dépit des rivalités qui s'étaient soulevées contre nous, en dépit des calomnies qui nous étaient adressées et auxquelles nous n'opposions que le mépris, nous avons eu le plaisir d'être visités par des personnes très-recommandables de notre ville.

L'indifférence et le mauvais vouloir que l'on apporte dans les questions du travail, sont parfois bien regrettables. La preuve en est vivante : des résultats immenses peuvent être obtenus par les travailleurs, en diminuant de beaucoup le prix de leurs produits, mais en les compensant par la jouissance qu'ils sont en droit d'attendre du fruit de leur travail. Par ce moyen, ils peuvent accroître considérablement la richesse nationale, en activant eux-mêmes la consommation qu'ils étaient obligés de laisser languir.

Que tous les travailleurs s'arment donc de tout ce qu'ils ont d'intelligence, de force et de courage, qu'ils se servent de tout ce que la nature a mis en leur possession. Une population de trente-six millions est sous leurs mains ; s'ils le veulent, cela leur suffit ; il y aura toujours assez d'hommes de bien qui leur tiendront compte de leurs efforts ; mais, qu'ils ne l'oublient pas, à eux seuls appartient l'initiative du grand' mouvement qui s'opère dans le travail.

Du moment que l'épreuve est tentée, nous pouvons, sans réserve, faire ressortir ce fait remarquable ; il touche de trop près à l'avenir des associations, pour qu'il passe inaperçu : si jamais il s'en trouvait assez oublieuses de leurs intérêts pour avoir recours à l'intervention de l'Etat, outre que cette intervention blesse l'équité, on peut voir ce qu'elle coûte.

Le dernier chiffre arrêté avec notre rapporteur au conseil d'encouragement des associations était, pour cinquante sociétaires, 50,000 fr.

Intérêts à payer, 5 p. 100 l'an...........................	2,500 fr.	»»
Impôt de 3/4 p. 100.....................................	375	»»
Supposons un chiffre d'affaires de 200,000 fr. par an, qu'un capital de 50,000 fr. nous eût fait assurément atteindre, en bénéficiant de 10 p. 100 net 20,000 fr. : aggravation d'intérêts de 10 p. 100 sur 20,000 fr. de bénéfice....................................	2,000 fr.	»»
	4,875 fr.	»»

Il nous resterait, intérêts déduits, en bénéfice net, par an, 15,125 fr. pour cinquante sociétaires, ou 302 fr. 50 c. pour chaque associé : augmentation, pour trois cents jours de travail, 1 fr. par jour, 28 1/2 p. 100 de moins et par jour que les résultats de notre inventaire, pour dix mois ou deux cent cinquante-deux jours de travail.

Voyons maintenant la somme que l'association aurait eu en moins

dans ces neuf années d'existence, en supposant que M. le ministre
de l'agriculture et du commerce ne se rende pas aux vœux de la
commission, qui demande de relever les associations de la dime que
l'on perçoit sur elles.

Nous devions opérer le remboursement de ces 50,000 fr., en sept
années, et progressivement, la première année les intérêts seulement.

REMBOURSEMENT.

Années.	Capital.	Intérêts.	3/4 p. 100.	Fonds indivis.
1re	»»»»	2500	375	2000
2me	2000	2500	375	2000
3me	4000	2400	375	2000
4me	8000	2200	375	2000
5me	10000	1800	375	2000
6me	12000	1300	375	2000
7me	14000	700	375	2000
8me	»»»»	»	375	2000
9me	»»»»	»	375	2000
		13400	3375	18000

Fonds indivis... 18,000 fr. »»
Intérêts 5 p. 100... 13,400 fr. »»
3/4 p. 100.. 3,375 fr. »»

34,775 fr. »»
Remboursement du capital............................. 50,000 fr. »»

Total.................. .... 84,775 fr. »»

Pour un prêt de 50,000 fr., remboursable en sept années, nous aurions payé, en intérêts, près des 6/7mes de la valeur du capital.

Il est surprenant que le rapport de la commission n'ait pas posé des chiffres officiels à M. le ministre de l'agriculture et du commerce, pour lui faire mieux comprendre l'immoralité d'un intérêt aussi exorbitant envers des hommes qui vivent du travail de leurs mains.

Il est bien évident que pour 50,000 fr., prêtés pour sept années, nous aurions eu 4,825 fr. d'intérêts par an : 9 fr. 65 c. p. 100.

Il demeure bien constaté pour nous, qu'étant affranchi de la tutelle de l'Etat, nos opérations ont présenté les avantages suivants ·

20 »» p. 100 au profit des consommateurs.
 9 65 p. 100 au profit des producteurs.
____

29 65 p. 100 dont les produits des associations non commanditées par l'Etat sont dégrevées.

Une chose ne doit point rester sans remarque, c'est cet exemple d'ordre qui existe. Dans notre personnel, trente-un associés ont signé l'acte de société, et, dans l'espace de dix mois, il y a eu seulement deux démissions : une sans motif, sans même que la Société ait été prévenue officiellement de la retraite de ce membre; ce n'est qu'en vertu de l'art. 44 de nos Statuts et de l'art. 10 de notre réglement d'atelier, que ce membre a été déclaré démissionnaire.

L'autre démission n'a pour cause aucune vue d'intérêt, elle est simplement le fait d'une incompatibilité de caractère. Ces deux démissionnaires ont été immédiatement remplacés par MM. Boirie et J. François; ces deux membres ont été soumis, à leur entrée, aux conditions de l'article 42, titre XVIII de nos Statuts.

Passant à l'esprit qui a dominé dans l'organisation de notre association, nous devons y faire figurer, pour principe de succès, les bases d'ordre moral sur lesquelles repose notre jeune association, bases sans lesquelles il est impossible de former réellement une bonne et durable association.

Il nous reste encore à faire remarquer que cette concorde, cette union, cette moralité qui ont régné chez nous, ne peuvent exister qu'à une condition, c'est que l'esprit dirigeant soit doux et impartial dans son exercice, fort dans sa constitution et appuyé, non sur une autorité dictatoriale, mais sur des réglements de justice et de paix, c'est-à-dire, la subordination de la volonté individuelle à la volonté commune, afin que l'harmonie la plus parfaite puisse régner dans le sein d'une pareille association.

Espérons que le temps viendra ou l'influence des idées morales sera assez grande pour n'avoir jamais besoin de recourir aux rigueurs d'une discipline qu'il est toujours très-pénible (si rarement que cela soit) d'appliquer à des hommes.

Conclusion.

Tout en faisant accepter nos remercîments à tous ceux qui nous ont prêté leur concours, qu'il nous soit permis de leur dire que ces remercîments sont sincères; ils viennent d'hommes, comme on a pu le voir, qui envisagent la question du travail à un point de vue assez élevé pour pouvoir espérer de cette question la réalisation pacifique des réformes nécessaires, sages et durables.

Le compte-rendu que nous présentons aujourd'hui est le tableau de tout ce que la prudence et le courage nous ont permis d'exécuter dans dix mois d'association; tous les ans, nos opérations seront, comme aujourd'hui, rendues publiques; loin de nous tenir cachés, si, contre notre attente, des accidents de commerce venaient à nous frapper, nous les exposerions avec la même franchise, persuadés qu'en présence de la résignation que nous montrerions, le public de Bordeaux nous tiendrait d'heureux comptes.

Signé : DELUC, LABORIE, LESTRADE, GOIFFON, SICARD, MITOU, ANDRON, DECLUZE, FRANÇOIS, MAZAUBERT, DERANCY, MAUDINAU, DUCHEIN, BOSSÉE, DUBALLEN, BRUN, DUBARRY, RIPPES, DUMÉ, DUCOMBS aîné, BOIRIE, BONNIN, MOREAU, KRENKOVEN, DUCOMBS jeune, LAMERNARDIE, BERGÈS, TRINGAU, CHAMBRON, GARRIGUE, BOURBON.

Bordeaux , Imp. des Ouvriers-Associés, rue du Parlement-Ste-Catherine , 19.
(*Métreau, titulaire.*)